Für

LENA

Von

der Münchner [illegible]
Bad Füssing
April 2014

Glück und Segen

auf all deinen Wegen

GROH

Ich wünsche dir, dass du

deine Zukunft

als ein schönes Abenteuer siehst,

dem du mit Freude

entgegengehst.

Mögen niemals schlechte Tage

deinen Lebensweg umziehen,

sondern *Glück* und Freude

stets auf deinen Wegen

blühen.

Ich wünsche dir gute Fahrt

auf allen deinen Reisen, und einen

sicheren Hafen,

zu dem du jederzeit

zurückkehren kannst.

Leben ist

Bewegung,

Wachsen ist Wandel.

THOMAS ROMANUS

WELCOME

Ich wünsche dir, dass du,

wohin du auch gehst, vielen

lieben Menschen

begegnest, die dich bei sich

willkommen heißen.

Deine Wege mögen dich aufwärts führen,
freundliches Wetter
begleite deinen Schritt.

IRISCHER SEGENSWUNSCH

Bleibe nicht

am Boden heften,

frisch gewagt

und frisch hinaus!

JOHANN WOLFGANG VON GOETHE

Vergiss nie:

Du musst nicht alles

alleine *schaffen.*

Wenn du nicht weiterkommst,

lass dir ruhig einmal helfen.

Der Weg zum Glück
führt über die *Brücke*
der Zufriedenheit.

IRMGARD ERATH

Glück – das kann manchmal

auch sein, sich an einem

ruhigen Ort

von einer langen Reise

auszuruhen.

In der Muße scheint

das Glück zu liegen.

Das Glück gehört denen,

die sich selbst genügen.

ARISTOTELES

Hab Vertrauen in deine

Entscheidungen.

Manchmal musst du nur

die *Perspektive* ändern,

um wieder klar zu sehen.

Wer ein

lohnendes Ziel

vor Augen hat, überwindet auch

steinige Wegstrecken.

ESTHER DAMM

Neue Herausforderungen

erfordern *neue Wege.*

GOTTFRIED NIEBAUM

ARGIBIELA
1295m
GR 11
BELABARZEKO URJAUZIA
CASCADA DE BELABARZE
5,6 km
1 h 25'
1,4 km
ZURIZA
20'
GR 11
GR 11
IZABA / ISABA
BELABARZE
9,5 km
2 h 40'
IZABA / ISABA
EZKAURRE
GR
11.4

Ich wünsche dir,

dass du in schwierigen

Situationen

über dich selbst

hinauswächst

und dein Ziel erreichst.

Froh sei die Zukunft,

die dich erwartet,

glücklich

der Weg, den du gehst.

Schau ab und an

auch mal *zurück,*

und freue dich über die Dinge,

die du erreicht hast

und die dich *glücklich*

gemacht haben.

Wenn du *Frohsinn*

im Herzen trägst, wirst du überall

ein *sonniges* Plätzchen finden.

Das Glück wohnt in uns;

Zufriedenheit und Dankbarkeit

verleihen ihm *Flügel.*

BRIGITTE THEILEN

Wenn das Glück

einmal auf sich warten lässt,

kannst du selbst ein bisschen

Ausschau

nach ihm halten.

HOTEL REFORMA
HANDLEY PAGE
AIR SERVICES
GRAND
HOTEL
LONDON
CAT CAY
BRITISH WEST INDIES
MUNSON STEAMSHIP LINE

Oft liegt das Ziel
nicht am Ende des Weges,
sondern irgendwo
an seinem Rand.

LUDWIG STRAUSS

Das Glück

ist ein Mosaikbild, das aus lauter

unscheinbaren kleinen Freuden

zusammengesetzt ist.

DANIEL SPITZER

Ich wünsche dir,

dass dich am Ziel

eines jeden Weges eine schöne

Überraschung

erwartet.

Mini-Perlen

In dieser Reihe sind außerdem erschienen:

ZUM GEBURTSTAGSFESTE VON HERZEN DAS BESTE
ISBN 978-3-86713-839-0

FREUNDSCHAFT IST DAS SCHÖNSTE BAND
ISBN 978-3-86713-836-9

HAB SONNE IM HERZEN, DANN KOMME WAS MAG
ISBN 978-3-86713-838-3

Autorin:
Margit Hoffmann

Bildnachweis:
Cover, Titelei, Rückseite: Pawel Gaul/Vetta/Getty Images; Rand: iStockphoto/Natalia Aleksandrova; S. 3: ReinhardT/fotolia; S. 4: David Evans/National Geographic/Getty Images; S. 6: Christian Thomas/cultura/Corbis; S. 9: mauritius images/imagebroker/Walter G. Allgöwer; S. 10: Sandra Ivany Photography/Beateworks/Corbis; S. 12-13, S. 20, S. 45: iStockphoto/Thinkstock; S. 15: Victor Tyakht/fotolia; S. 17: Nelos/fotolia; S. 19: INFINITY/fotolia; S. 23: mauritius images/Red Cover; S. 24: Konrad Wothe/Look-foto; S. 27: Hemera/Thinkstock; S. 29: mauritius images/age; S. 30-31: Comstock/Thinkstock; S. 33: Tom-Hanisch.de/fotolia; S. 35: Sunnydays/fotolia; S. 36: altrendo travel/Stockbyte/Thinkstock; S. 38-39: iStockphoto/Andrejs Pidjass; S. 41: Anyka/fotolia; S. 42: Gary S Chapman/Getty Images; S. 47: Rolf Blesch.

Textnachweis:
Wir danken allen Autoren, die uns freundlicherweise die Erlaubnis zum Abdruck ihrer Texte gegeben haben. Insbesondere danken wir dem Wallstein Verlag für den Text auf S. 43, aus: Ludwig Strauß, Gesammelte Werke in vier Bänden, 1. Prosa und Übertragungen, Hg. und mit einem Nachwort versehen von Hans Otto Horch; Veröffentlichungen der Deutschen Akademie für Sprache und Dichtung Darmstadt, Bd. 73 © Wallstein Verlag, Göttingen 1998.

Idee und Konzept:
Groh Verlag.

FSC www.fsc.org
MIX
Papier aus verantwortungsvollen Quellen
FSC® C023419

ISBN 978-3-86713-837-6

137010-4253-02

Ein Lächeln schenken

Geschenke sollen ein Lächeln auf Gesichter zaubern und die Welt für einen Moment zum Stehen bringen. Für diesen Augenblick entwickeln wir mit viel Liebe immer neue GROH-Geschenke, die berühren.

In ihrer großen Themenvielfalt und der besonderen Verbindung von Sprache und Bild bewahren sie etwas sehr Persönliches.

Den Menschen Freude zu bereiten und ein Lächeln zu schenken, das ist unser Ziel seit 1928.

Ihr

Joachim Groh